Trainingsplan im Bereich Beweglichkeit und Koordination

Bibliografische Information der Deutschen Nationalbibliothek:

Die Deutsche Nationalbibliothek verzeichnet diese Publikation in der Deutschen Nationalbibliografie; detaillierte bibliografische Daten sind im Internet über http://dnb.d-nb.de abrufbar.

ISBN: 9783346784636
Dieses Buch ist auch als E-Book erhältlich.

Druck und Bindung: Books on Demand GmbH, Norderstedt Germany
Gedruckt auf säurefreiem Papier aus verantwortungsvollen Quellen

Das vorliegende Werk wurde sorgfältig erarbeitet. Dennoch übernehmen Autoren und Verlag für die Richtigkeit von Angaben, Hinweisen, Links und Ratschlägen sowie eventuelle Druckfehler keine Haftung.

Das Buch bei GRIN: https://www.grin.com/document/1298834

Deutsche Hochschule für

Prävention und Gesundheitsmanagement

Hermann Neuberger Sportschule 3

66123 Saarbrücken

Einsendeaufgabe

Fachmodul:	Trainingslehre 3
Studiengang:	BGM
Datum Präsenzphase:	07.09-09.09.2020
Studienort:	**Stuttgart**
Semester:	**2018 WS**

Inhaltsverzeichnis

1 Personendaten

Tabelle 1: Allgemeine und biometrische Daten

Alter : 30	Geschlecht : Männlich	Größe : 180 cm

Körpergewicht :	83,2 Kg
Berufliche Tätigkeit :	IT – Projekt – Manager (größtenteils sitzende Tätigkeit)
Trainingsmotive :	Linderung der Rückenprobleme (HWS und LWS – Bereich) Sowie die Verbesserung der Koordination im Fußball
Aktuelle sportliche Tätigkeit :	Krafttraining im Fitnessstudio 3x die Woche a 60 Minuten einen Ganzkörperplan (Seit 1 Jahr) Leistungsstand: Anfänger Fußballtraining 2x die Woche seit 2 Jahren Leistungsstand : Normal trainiert
Frühere sportliche Aktivität :	Schwimmen (2000-2010) 3x die Woche pro 60 Minuten Leistungsstand : Sehr trainiert
Zeitlicher Verfügungsrahmen :	Dehn und/oder Koordinationstraining: Max. 3x die Woche a 60 Minuten Einheiten Zuhause: Max. 2x die Woche a 20 Minuten
Blutdruck : 121/75	**Norm : 120/80 Bewertung : Normal**
Allgemeiner Gesundheitszustand :	Schmerzen im Bereich der Lendenwirbelsäule, gelegentliche Nackenverspannungen. Keine orthopädischen und internistischen Probleme
Medikamente :	Keine
Belastbarkeit / Trainierbarkeit :	Keine Einschränkungen

1.1 Bewertung der allgemeinen und biometrischen Daten

Die Testperson hat keine orthopädischen oder internistischen Probleme, welche die Realisation eines Dehn- und Koordinationstrainings ausschließen würden. Sie ist somit vollständig belastbar und trainierbar. Ihre koordinativen Grundvoraussetzungen sollten gut bis sehr gut sein, da sie jahrelang im sportlichen Rahmen geschwommen ist. Der zeitliche Rahmen ist ausreichend, um ein Dehn- und Koordinationstraining durchzuführen.

2 Beweglichkeitstestung

Mit der in Aufgabe 1 genannten Testperson führen wir den Beweglichkeitstest nach Janda (2000) durch. Hierbei werden die Muskelschwächen und Beweglichkeitsdefizite der Testperson erfasst. Es werden die Brust-, Hüftbeuge-, Kniestreck-, Kniebeuge- und Wadenmuskulatur manuell auf ihre Beweglichkeit getestet.

Tabelle 2: Beweglichkeitstest

Muskelgruppe	Testausführung	Normwerte Testauswertung (nach Janda, 2000) Stufe 0: keine Beweglichkeitsdefizite Stufe 1: leichte Beweglichkeitsdefizite Stufe 2: deutliche Beweglichkeitsdefizite	Testauswertung der Testperson :
Brustmuskulatur (M. pectoralis major)	(nach Janda, 2000, S. 270) Für jede der Übungen wird eine medizinische Liege benötigt. Die Testperson legt sich in Rückenlage auf die Liege und winkelt die Beine an. Die Füße stellt die Testperson auf. Am Rande der Liege liegt die Schulter des zu testenden Arms. Dann wird der Arm im Schultergelenk abduziert und außenrotiert. Das Ellenbogengelenk befindet sich in einem 90° Beugewinkel. Der Messbereich ist der Bezug vom Oberarm zur Horizontalen. Die Übung wird auf beiden Seiten gleich durchgeführt. Zu beachten: - Der Thorax ist zu fixieren (leichten Zug, durch den Tester, mit der Hand in diagonaler Richtung von der zu testenden Seite weg) - Der Bauch der Testperson kann gegebenenfalls zusätzlich mit angespannt werden	(nach Janda, 2000, S.271) Stufe 0: Oberarm erreicht die Horizontale problemlos und kann durch leichten Druck des Testers unterschritten werden Stufe 1: Oberarm erreicht die Horizontale nicht ohne leichten Druck des Testers. Stufe 2: Oberarm erreicht die Horizontale auch durch Druck nicht	Links: Stufe 1 - mit Druck wird die Horizontale erreicht Rechts: Stufe 1 - mit Druck wird die Horizontale erreicht

	- Das Becken muss durch das Aufstellen der angewinkelten Beine, fixiert werden.		
Hüftbeugemuskulatur (speziell M. iliopsoas)	(nach Janda, 2000, S. 258) Der Proband bleibt in Rückenlage und rutscht an das Ende der Liege. Das Gesäß schließt mit dem Rand der Liege ab, sodass die Beine am Ende der Liege herunterhängen. Ein Bein wird im angewinkelten Zustand so nah wie möglich an den Körper herangezogen, das andere Bein bleibt über dem Rand der Liege hängen. Das Ergebnis wird am Beugewinkel der Hüfte (Position des Oberschenkels im Verhältnis zur Körperlängsachse) des freien Beines bemessen. Die Übung wird auf beiden Seiten gleich durchgeführt. Zu beachten: - Das Becken und die Lendenwirbelsäule sind zu fixieren durch das maximale Heranziehen des Beines - Zusätzlich kann, wenn der Proband das Bein selber anzieht, eine Hand des Testers unter die LWS gelegt werden um einen Druck gegen die Hand zu bewirken. Für eine zusätzlich, bewusste LWS – Spannung.	(nach Janda, 2000, S. 259) Stufe 0: Oberschenkel erreicht die Horizontale und kann durch zusätzlichen Druck des Testers sogar unterschritten werden Stufe 1: Oberschenkel erreicht die Horizontale nicht (leichte Hüftbeugestellung) nur durch leichten Druck des Testers ist das Erreichen der Horizontale möglich. Stufe 2: Oberschenkel erreicht die Horizontale auch durch zusätzlichen Druck des Testers nicht	Links: Stufe 1 - Horizontale wird durch leichten Druck erreicht Rechts: Stufe 1 - Horizontale wird durch leichten Druck erreicht
Kniestreckmuskulatur (speziell M. rectus femoris)	(nach Janda, 2000, S. 258) Der Proband bleibt in Rückenlage und rutscht an das Ende der Liege. Das Gesäß schließt mit dem Rand der Liege ab, sodass die Beine am Ende der Liege herunterhängen. Ein Bein wird im angewinkelten Zustand so nah wie möglich an den Körper herangezogen, dass andere Bein bleibt über dem Rand der Liege hängen. Das überhängende Bein wird nun durch den Tester in einen maximal möglichen Kniebeugewinkel geführt.	(nach Janda, 2000, S. 259) Stufe 0: Unterschenkel hängt senkrecht herab (90° Kniebeugewinkel) und durch leichten Druck des Testers ist es möglich die Kniebeugung zu vergrößern Stufe 1: Unterschenkel hängt nicht senkrecht herab (< 90° Kniebeugewinkel) und/oder nur durch leichten Druck des Testers ist ein 90° Kniebeugewinkel möglich Stufe 2: 90° Kniebeugewinkel wird auch durch den Druck des	Links: Stufe 1 - 90° Kniebeugewinkel wird nicht von alleine erreicht, erst durch leichten Druck des Testers ist das Erreichen eines 90° Kniebeugewinkels möglich Rechts: Stufe 1 – - 90° Kniebeugewinkel wird nicht

	Hierbei wird der der Winkel zwischen Ober- und Unterschenkel gemessen. Zu beachten: - die Beugung im Kniegelenk darf nicht durch die Liege behindert werden - Das Becken und die Lendenwirbelsäule sind zu fixieren durch das maximale Heranziehen des Beines	Testers nicht erreicht (Unterschenkel ist deutlich nach vorne gestreckt) und die Bewegungsdefizite sind sehr deutlich	von alleine erreicht, erst durch leichten Druck des Testers ist das Erreichen eines 90° Kniebeugewinkels möglich
Kniebeugemuskulatur (Mm. ischiocrurales)	(nach Janda, 2000, S. 261) In Rückenlage wird das nicht zu testende Bein angewinkelt und der Fuß aufgestellt. Das zu testende Bein wird durch Hilfe des Testers bei gestrecktem Bein und Kniegelenk in die maximal mögliche Hüftflexion geführt. Gemessen wird der Winkel zwischen Beinachse und Longitudinalachse. (Hüftbeugewinkel) Die Übung wird auf beiden Seiten gleichdurchgeführt. Beachten: - Becken und Lendenwirbelsäule müssen fixiert bleiben - Das Testbein muss gestreckt bleiben - Das Gegenbein darf die Ausgangsposition nicht verlassen	(nach Janda, 2000, S. 262) Stufe 0: Hüftgelenksflexion von 90° möglich Keine Bewegungsdefizite Stufe 1: Hüftgelenksflexion von 80°- 90° möglich Leichte Bewegungsdefizite Stufe 2: Hüftgelenksflexion von nur unter 80° möglich Starke Bewegungsdefizite	Links Stufe 1 Eine Hüftgelenksflexion von 90° ist ohne Hilfe nicht möglich. Außerdem verspürt die Testperson ein ziehen in der Wade und im unteren Rücken was auf eine Reizung des Nervus ischiadicus (Ischiasnerv) hinweist. Rechts Stufe 2 - Hüftgelenksflexion von 80° auch mit Hilfe nicht möglich - die Tesperson verspürt zusätzlich einen starken Zug in der rechetn Wade bis zum Fuß, was zusätzlich auf eine starke Reizung des Nervus ischiadicus (Ischiasnerv) hinweist.

Wadenmuskulatur (Mm. triceps surae)	Die Testperson liegt in Rückenlage, mit den Füßen/ Unterschenkeln leicht über dem Ende, auf der Liege. Das Bein, welches nicht getestet wird, wird angewinkelt und der Fuß aufgestellt. Das Bein, welches getestet wird,,bleibt gestreckt liegen. Der Tester greift das gestreckte und liegende Bein distal am Fersenbein. Mit der anderen Hand wird der Fuß von der Fußkante gegriffen. Der Tester zieht die Ferse distalwärts und drückt dann leicht mit dem Daumen den Vorfuß achsengerecht zum Schienbein hin. Um den M. Soleus isoliert testen zu können, wird das Bein gebeugt und vom Tester versucht das Bewegungsausmaß zu vergrößern. Somit kann die Testauswertung differenziert nach M. gastrocnemius und M. soleus erfolgen. Zu beachten: -Der Druck des Daumens erfolgt am äußeren Fußrand - es müssen Zug und Druck an der Ferse ausgeübt werden	(nach Janda, 2000, S. 255) Stufe 0: Dorsalextension ist mindestens bis zur 0°- Stellung möglich (90° zwischen Fuß und Unterschenkel) Keine Beweglichkeitsdefizite Stufe 1: Dorsalextension ist möglich, aber eine 0°- Stellung kann nicht erreicht werden Leichte Beweglichkeitsdefizite Stufe 2: Dorsalextension ist nur bis 10° unterhalb der 0°- Stellung möglich Starke Beweglichkeitsdefizite	Links: Stufe 0 – Dorsalextension ist bis über die 0°- Stellung möglich (80° zwischen Fuß und Unterschenkel) Rechts Stufe 1 Die Dorsalstellung ist möglich, jedoch kann keine völlige 0° Stellung erreicht werden.

Da die Beweglichkeit überwiegend über die Schmerztoleranz des Kunden festgelegt wird, kann das Ergebnis nur halbwegs objektiv betrachtet werden.

Der Kunde ist stark in der Kniebeugemuskulatur des rechten Beines eingeschränkt. Auch die Kniebeugemuskulatur des linken Beines ist eingeschränkt. Ebenso weisen die Kniestreck-, Hüftbeuge- und Brustmuskulatur Bewegungseinschränkungen auf beiden Seiten auf. Außerdem beklagt sich der Kunde über Schmerzen im LWS Bereich während der Dehnung der Kniebeugemuskulatur. Außerdem besitzt der Proband häufige Verspannungen im Nackenbereich. Dies sind typische Probleme für Personen, welche eine hauptsächlich sitzende berufliche Tätigkeit ausführen.

3 Trainingsplanung Beweglichkeitstraining

Der besonderer Schwerpunkt des Trainingsplanes wird auf die Hüftbeuge-, Kniebeuge-, Waden-, Brust- und Nackenmuskulatur gelegt, um die schmerzhaften Probleme des Probanden zu verbessern und zu behandeln. Im Folgenden wird der genaue Trainingsplan tabellarisch dargestellt, um dann im Nachhinein die einzelnen Übungen ausführlich zu erklären.

Tabelle 3: Trainingsplanung Beweglichkeitstraining

Belastungsgefüge	3 -4 x in der Woche die gesamte Serie einer Übung	Statisch:	3x 45 Sekunden
		Dynamisch:	3x max. 15 Wiederholungen (die Übung wird vorher beendet, wenn die Ausführung unsauber wird → Qualität vor Quantität)
		Postisometrisch:	3x 60 Sekunden
Nr :	Übung :	Zielmuskulatur :	Methode :
1.	Dehnung der Nackenmuskulatur im Stand	-Trapezmuskel (hauptsächlich oberer Anteil, zusätzlich aber auch der absteigende Anteil)	Dynamisch passiv
2.	Dehnung der Brustmuskulatur	-großer Brustmuskel - Deltamuskel	Statisch bilateral aktiv
3.	Dehnung des Bizeps	-zweiköpfiger Oberarmmuskel	Statisch aktiv
4.	Dehnung der Wadenmuskulatur im Stand	- Zwillingswadenmuskel - Schollenmuskel	Statisch passiv
5.	Dehnung der vorderseitigen Oberschenkelmuskulatur im Stehen	Vierköpfiger – vorderer Oberschenkelmuskel	Statisch passiv
6.	Dehnung der Hüftbeugemuskulatur im Kniestand (Hüftflexoren)	-Lenden-Darmbeinmuskel -Gerader Oberschenkelmuskel	Statisch passiv
7.	Dehnung der rückseitigen Oberschenkelmuskulatur im Kniestand	- Zweiköpfiger Oberschenkelmuskel - Plattensehnenmuskel - Halbsehnenmuskel	Dynamisch passiv
8.	Dehnung der Adduktoren im Sitzen	- kurzer Schenkelanzieher - langer Schenkelanzieher - großer Schenkelanzieher - Schlanker Muskel - Kammmuskel	Dynamisch aktiv
9.	Dehnung der Gesäßmuskulatur in Rückenlage	- großer Gesäßmuskel - mittlerer Gesäßmuskel - kleiner Gesäßmuskel	Postisometrisch

10.	Dreh- Dehn- Lagerung	- äußerer schräger Bauchmus-kel und innerer schräger Bauchmuskel (großer Brust-muskel)	Dynamisch passiv

Allgemein lässt sich direkt zu Anfang feststellen, dass fast alle Übungen unilateral, also beidseitig ausgeführt werden. Das Dehnprogramm startet im Stehen, bis der Proband sich nach und nach über die Übungen zum Liegen hin begiebt. Da der Proband über Nacken- und Rückenverspannungen klagt, wird auf diese Bereiche ein besonderer Fokus gelegt.

1. Dehnung der Nackenmuskulatur im Stand.

Diese Dehnübung findet im stehen statt. Der Kopf ist in der Ausgangsposition gerade und die Blickrichtung nach vorn. Die Dehnposition wird erreicht indem zum einen der Kopf mit der Hand zur kontralateralen Seite gezogen wird und zum anderen der Schultergürtel die ipsilaterale (entgegenliegende) Seite Richtung Boden bewegt/zieht. Diese Position wird dann aktiv gehalten.

Aufgrund der gelegentlichen Nackenverspannungen beginnt das Programm mit einer Übung für den Nacken, um die Nackenmuskulatur zu entspannen und weitere Verspannungen, auch während des Dehnprogrammes, zu vermeiden. (Tunwattanapong, Kongkasuwan & Kuptniratsaikul· 2016)

2. Dehnung der Brustmuskulatur

Die Übung findet ebenfalls im Stehen statt. Beide Arme (Rechts und Links) werden in einem 90° Winkel im Ellenbogengelenk auf Schulterhöhe angehoben. Dann zieht die antagonistisch wirkende Muskulatur (rückwärtige Schultermuskeln (Teres Major + hinterer Part des Deltoideus sowie der Trizeps) die Oberarme durch Kontraktionskraft nach hinten. Diese Position wird dann gehalten. Durch die Kontraktion der Antagonisten wirkt diese Dehnung aktiv.

Die Dehnung der Brust und Schultermuskulatur wirkt entspannend auf die hintere Kette und somit positiv auf die Verspannungen im HWS und Nackenbereich. (Tunwattanapong, Kongkasuwan & Kuptniratsaikul, (2016)).

3. Dehnung des Bizeps

Die Dehnung erfolgt in einem hüftbreiten und aufrechten Stand. Die Arme werden in einem gestreckten Zustand hinter den Rücken geführt, so dass sich die Daumen auf Lendenbeinhöhe berühren. Die Handinnenflächen sind nach außen rotiert und zeigen vom Körper weg. Aus dieser Ausgangsposition werden die Arme nun aktiv mithilfe des Armstreckers (Trizeps) maximal nach hinten und oben vom Körper weg geführt. In dieser Position wird statisch gehalten.

Die Dehnung vom Bizeps bewirkt eine Lockerung der vorderen Schulterkette und somit verringert sich der Zug. Die hintere Kette wird entlastet, was grade dem Nackenbereich zu gute kommt. Da die Dehnung im Stehen ausgeführt wird, ist es möglich den Bizeps isoliert zu dehnen und von einer zusätzlichen Verspannung im Nackenbereich weg zu kommen. (Binder, 2008) .

4. Dehnung der Wadenmuskulatur um Stand

Die Dehnung erfolgt in Schrittstellung im Stehen. Die Füße zeige beide parallel nach vorne und das hintere Bein ist gestreckt. Der Fuß und die Ferse verlassen den Boden nicht. Das vordere Bein ist im Kniegelenk leicht gebeugt. Der Oberkörper ist nach vorne gebeugt, so, dass er mit dem hinteren, durchgestreckten Bein eine Linie bildet. Die Dehnung wird durch eine Dorsalextension des vorderen Beines eingenommen. Dafür wird das vordere Bein stark gebeugt. Der Körperschwerpunkt verlagert sich dabei nach vorne, wodurch die Wadenmuskulatur passiv gedehnt wird. Diese Position wird bei einem deutlich spürbarem ziehen der Wadenmuskulatur gehalten.

5. Dehnung der vorderseitigen Oberschenkelmuskulatur im Stehen

Diese Übung wird ebenfalls im Stehen ausgeführt. Zum einen ist der Proband schon seit langem sportlich aktiv und zum anderen wird bei dieser Übung direkt die Koordination mit trainiert. Wichtig hierbei ist dann aber zu beachten, dass das Becken dauerhaft in einer Flexion gehalten wird. Beide Oberschenkel bleiben parallel. Das zu dehnende Bein wird dann im Kniegelenk gebeugt und von der Hand am Unterschenkel, knapp über dem Sprunggelenk, gegriffen und somit die Ferse maximal zum Gesäß gezogen. Der Oberkörper bleibt dabei gerade. Diese Position wird gehalten. Der vierköpfige Oberschenkelmuskel wird passiv, durch das Ziehen der Ferse an das Gesäß durch die Hand, gedehnt.

Das Dehnen der vorderen Oberschenkel Muskulatur bewirkt eine Entspannung in der Hüfte, da der vordere Zug auf die Hüfte minimiert wird. Somit wird eine Spannung im unteren Lendenwirbelbereich ebenfalls minimiert oder verbessert. (Hohmann, Lames & Letzelter, 2002, S. 158; Sölveborn, 1983, S. 42)

6. Dehnung der Hüftbeugemuskulatur im Kniestand (Hüftflexoren)

Die Übung wird im Kniestand ausgeführt. Eines der Beine wird vor den Körper auf den Fuß aufgestellt. Das Knie ist gebeugt. Der Winkel sollte nicht kleiner als 90° sein. Eher 90° oder etwas größer, je nachdem wie weit das Bein schon nach vorne gestellt werden kann. Das hintere Bein steht auf dem Knie und die Wade (Unterschenkel) liegt entspannt auf dem Boden. Der Fuß liegt ebenfalls auf dem Boden. Der Oberkörper ist aufrecht. Aus dieser Position legt sich der Proband mit dem Körperschwerpunkt nach vorne. Der Abstand von aufgestelltem Knie und vorderem Fuß verringert sich nicht. Das Schambein bewegt sich lediglich Richtung Boden. Das passiert passiv durch die Schwerkraft. Durch anspannen des Gesäßes kann die Dehnung noch Intensiver gestaltet werden. Wenn ein starkes Ziehen im Leisten/Oberschenkel Bereich spürbar ist wird in dieser Position wird gehalten. (Winters, et al. 2004, S. 800–807)

Wichtig: Der Oberkörper sollte möglichst gerade bleiben und sich nicht eindrehen. Die Hüfte sollte ebenfalls gerade (fixiert) bleiben.

Das Dehnen der vorderen Oberschenkel und Hüftmuskulatur bewirkt eine Entspannung in der Hüfte, da der vordere Zug auf die Hüfte minimiert wird. Somit wird eine Spannung im unteren Lendenwirbelbereich ebenfalls minimiert oder verbessert. (Hohmann, Lames & Letzelter, 2002, S. 149; Sölveborn, 1983, S. 44)

7. Dehnung der rückseitigen Oberschenkelmuskulatur im Kniestand

Die Übung wird im Kniestand ausgeführt. Das eine Bein wird lang ausgestreckt und auf die Ferse gestellt. Das andere Bein bleibt auf dem Knie stehen und das hintere Bein bleibt liegen. Der Oberkörper ist aufgerichtet. Aus dieser Position beugt sich der Proband mit geradem Oberkörper über das ausgestreckte Bein und die Bewegung wird dynamisch aus-geführt, in dem der Körperschwerpunkt immer wieder leicht nach vorne unten abgesenkt und dann wieder nach hinten oben gelockert wird. Die Dehnung erfolgt dynamisch. Es soll ein deutlicher Dehnungsreiz in der hinteren Oberschenkelmuskulatur spürbar sein. Die hintere Oberschenkelmuskulatur wird gedehnt, um eine generelle Entspannung des Muskels zu erreichen und so mehr Flexibilität in der Hüfte zu erlangen. (Hasebe, et al. 2016, S. 85-90)

8. Dehnung der Adduktoren im Sitzen

Die Position dieser Dehnung ist im Sitzen. Von dort wird sich mit den Armen nach hinten abgestützt, so dass der Rücken möglichst gerade bleibt und das Becken fixiert ist. Die Beine sind nach vorne gestreckt und werden dann möglichst weit nach außen abgespreizt. Die Übung wird aktiv dynamisch ausgeführt, da sich der Proband von dort aus vertikal mit dem Oberkörper Richtung Boden bewegt, bis ein starkes ziehen in den inneren Ober-schenkeln zu spüren ist. Dann wird die Position kurz gelockert, bis sich der Proband wie-der nach vorne lehnt.

Diese Dehnung dient ebenfalls der Hüftmobilisation. Eine mobilisierte Hüfte hilft oft bei Rückenschmerzen. (Beierlein et, al. 2002, S. 61-68)

9. Dehnung der Gesäßmuskulatur in Rückenlage

Ein Bein wird angewinkelt im 90° auf den Oberschenkel des anderen Beines abgelegt. Dann werden beide Beine angehoben und der Proband greift das Bein, welches unter dem angewinkelten Bein liegt mit seinen Händen und zieht es Richtung Brust. Das andere

Bein bleibt angewinkelt auf dem Oberschenkel liegen. Der Proband zieht so doll am Bein, bis ein starkes Ziehen im Gesäß des oberen Beines zu spüren ist. Die Dehnung erfolgt postisometrisch. Dafür wird die Dehnposition leicht eingenommen und dann wieder gelöst. Die Zielmuskelgruppe wird 7-10 Sekunden isometrisch angespannt. Unmittelbar danach wird die Muskulatur für 3 Sekunden vollkommen entspannt um direkt im Nachgang wieder passiv mit dem Zug der Arme in die Dehnposition gebracht zu werden. Beim zweiten Mal sollte ein sehr deutlicher Dehnungsreiz zu spüren sein.

Diese Dehnung wird gewählt, da der Proband im Bereich der Gesäßmuskulatur starke Bewegungseinschränkungen aufgewiesen hat. Eine starke Einschränkung im Gesäßbereich weist auch auf eine verminderte Hüftbeweglichkeit hin, was wiederum zu Rückenschmerzen führen kann. (Beierlein et, al. 2002, S. 61-68)

10. Dreh- Dehn- Lagerung

Diese Übung wird in Rückenlage ausgeführt. Die Arme werden neben dem Körper abgelegt und die Beine werden angewinkelt und nebeneinander aufgestellt. Als nächstes werden beide Beine zusammen zu einer Seite gekippt und abgelegt. Wichtig dabei ist, dass der Schultergürtel auf dem Boden liegen bleibt. Der Arm der gegenüberliegenden Seite wird in einem 90° Winkel auf dem Boden gehalten um eine zusätzliche Dehnung im Brustwirbelsäulenbereich zu bewirken. Aus dieser Position werden die Beine immer von rechts nach links bewegt, um eine dynamische Dehnung der (fast) gesamten Wirbelsäule zu erhalten. Des Weiteren erfolgt die Übung passiv, da die Knie von der Schwerkraft zum Boden gezogen werden.

Eine dynamische Dehnung der Wirbelsäule bewirkt oft eine bessere Beweglichkeit der gesamten Wirbelsäule und somit eine Besserung von Schmerzen im LWS Bereich. (Hasebe, et al. 2016, S. 85-90)

Der Schwerpunkt des gesamten Programmes liegt auf den Beweglichkeitseinschränkungen und Schmerzen im LWS-Bereich. Außerdem wurde Wert auf eine Lockerung im BWS – Bereich gelegt aufgrund der Verspannungen im Nackenbereich und den Bewegungseinschränkungen im Brust und Schulterbereich.

4 Trainingsplanung Koordinationstraining

Tabelle 4: Trainingsplanung Koordinationstraining

	Belastungsgefüge	3x in der Woche
		Statisch: 3x 15 Sekunden
		Dynamisch: 3x max. 15 Wiederholungen (die Übung wird vorher been-det, wenn die Ausführung unsauber wird → Qualität vor Quantität)
		Tempo bedeutet: So schnell wie möglich
		Pause: 30 Sekunden
	Hilfsmittel	Fußball, Hütchen, Therapie-Kreisel
Nr	**Übung**	**Beschreibung**
1	Auf einem Bein stehend mit ge-schlossenen Augen -Statische Ausführung	Ein Bein wird auf einen 90° Winkel im Hüft- und Kniegelenk angeho-ben. Die Arme hängen an den Seiten und dürfen eventuell zum Stabili-sieren oder Ausbalancieren genutzt werden.
2	Mit dem Fußball am Fuß im Kreis laufen -Dynamische Ausführung	Der Proband erhält einen Fußball und muss mit diesem 25 Meter am Fuß hin und zurücklaufen. Das ganze passiert nach kurzer Übungsphase auf Zeit. (50m à 20 Sek.)
3	Mit dem Ball um Hütchen drib-beln -Dynamische Ausführung	Der Proband läuft eine Strecke (25m) mit dem Ball um Hütchen herum. Das ganze auch nach kurzer Übungsphase auf Zeit. (25m à 30 Sek.)
4	Mit geschlossenen Augen um die Hütchen dribbeln mit Tempo -Dynamische Ausführung	Gleiche Ausführung wie Übung Nr.3 aber dieses Mal mit geschlossenen Augen. Nach einer Übungsrunde wird die Übung so schnell wie Möglich durchgeführt.
5	Mit geschlossenen Augen um die Hütchen dribbeln (Rück-wärts) Dann auch mit Tempo -Dynamische Ausführung	Siehe Übung Nr. 3 und 4. Dieser Durchgang wird zusätzlich mit geschlossenen Augen durchge-führt. Nach einiger Zeit kann auch hier der Durchgang so schnell wie möglich durchgeführt werden.
6	Einbeinig den Ball zurückspie-len -Dynamische Ausführung	Ein Bein wird so angehoben, dass es im Hüft- und Kniegelenk einen 90° Winkel bildet. Eine weitere Person steht gegenüber und spielt den Fuß-ball zu dem Probanden. Der Proband hat einen Ballkontakt, bei dem er auf einem Bein stehen bleibt, um den Ball zu der Person mit dem Ange-hobenen Bein zurück zu spielen.
7	Einbeinig den Ball aus der Luft zurückspielen -Dynamische Ausführung	Siehe Übung 6. Dieses Mal wird der Ball von der Person zugeworfen und der Proband muss den Ball aus der Luft mit nur einer Ballberührung wieder in die Hände der Person mit dem Fuß zurück Spielen.
8	Einbeinig den Ball aus der Luft zurück spielen mit geschlosse-nen Augen und auf Kommando -Dynamische Ausführung	Siehe Übung Nr. 6 und 7. Die Ausgangsposition ist gleich, jedoch sind die Augen geschlossen. Auf das Zeichen „hey" werden die Augen geöffnet und der Ball zu der Person, welche gegenüber steht zurück gespielt.
9	Einbeinig den Ball aus der Luft zurück spielen (Therapie-Krei-sel)	Siehe Übung Nr. 7 Die Übung findet auf dem Therapie-Kreisel statt.

	-Dynamische Ausführung	
10	Einbeinig den Ball mit geschlos-senen Augen zurück spielen auf Kommando (Therapie-Kreisel) -Dynamische Ausführung	Siehe Übung Nr. 7 und 9. Die Übung findet auf dem Therapie-Kreisel statt aber mit geschlossenen Augen. Bei Kommando „HEY" werden die Augen geöffnet und der Ball wird zu der Person zurückgespielt.

4.1.1 Die Übungen wurden für den Probanden deshalb ausgewählt, da der Proband seine Koordinativen Fähigkeiten im Fußball verbessern wollte. Aus diesem Grund ist der Trainingsinhalt speziell auf diese Sportart ausgerichtet. Der Proband absolviert momentan kein Koordinationstraining, hat aber viel Erfahrungen im Bereich des Fußballtrainings. Aus diesem Grund werden die Übungen nach kurzer Gewöhnungsphase etwas anspruchsvoller gewählt, um den Probanden nicht zu überfordern. Übungen im Sitzen wurden ausgelassen, da der Proband aus beruflichen Gründen sowieso schon den ganzen Tag sitzen muss. Die ausgewählten Übungen trainieren vor allem die Balance, die motorische Fähigkeit des Dribbelns, die Tiefensensibilität über den Therapie-Kreisel und die Reaktionsfähigkeit. Die variablen Druckbedingungen wurden so spezifisch wie möglich auf das Fußballtraining gewählt. Erschwert werden die Übungen durch den Therapie-Kreisel und das Schließen der Augen. Außerdem werden viele der Übungen mit Tempo ausgeführt um die Situation realer für das Fußballspiel zu gestalten. Außerdem werden die Übungen Alltagsnäher. (Neumaier, Mechling, Strauss und Völler, 2009, S. 24 - 40)

5   Literaturrecherche

Tabelle 5: Literaturrecherche

	Studie 1 :	Studie 2 :
Studienleiter :	**Effect of Muscle Stretching within a Full, Dynamic Warm-up on Athletic Performance**	**The effect of acute stretching on agility performance**
Durchführungsjahr :	2018	2011
Versuchspersonen :	20 männliche Mannschaftssportler	Sechzig männliche Probanden, bestehend aus Kollegien (n = 18) und Freizeitsportlern (n = 42)
Versuchsaufbau :	An separaten Tagen absolvierten alle 20 männliche Mannschaftssportler eine umfassende Aufwärmroutine. Die 20 Probanden führen zuerst eine statische Dehnung (5S) mit 5 s, eine statische Dehnung von 30 s (30S; 3x 10-s- und eine dynamische Dehnung	Ziel dieser Studie war es, die Wirkung von statischem Dehnen (SS) und dynamischen Dehnen (DS) auf die Leistungszeit eines Sport-Agilitätstests zu bestimmen. Die Probanden wurden zufällig einer von drei Gruppen zugeordnet. SS, DS oder keine Dehnung (NS).

	(DYN) mit 5-Wiederholungen (pro Muskelgruppe) durch. Ebenso gab es eine No-Stretch (NS)Einheit zur Kontrolle. Es folgte eine testspezifische Praxis, die sich auf eine maximale Intensität bezog. Im Nachgang wurde eine umfassende Testung zur Bewertung der Interventionseffekterwartungen sowie der Flexibilität, vertikaler Sprung, Sprintlauf und Richtungswechsel durchgeführt.	Alle Gruppen absolvierten ein Aufwärmprogramm (von 10Minuten) gefolgt von einer Pause von 3Min). Die SS- und DS-Gruppen absolvierten eine 8,5-minütige Dehnintervention. Als nächstes absolvierten alle Probanden 3 Versuche des 505-Agilitätstests Zur Bestimmung der statistischen Signifikanz (p < 0,05) wurde eine 2-Wege-Wiederholungsanalyse der Varianz verwendet um Unterschiede zwischen den Gruppen zu ermitteln wurde der Tukey-Post-hoc-Test durchgeführt.
Relevante Ergebnisse :	Es gab keine Auswirkungen der Dehnung Zustand auf Testleistungen. Alle Testergebnisse waren bei gleicher Ausführung (fast) identisch. (5S, 30S und DYN (5.3-6.4). Einzig bei der (NS) Gruppe wurde ein leichter, aber nicht signifikanter, Leistungsabfall beobachtet. 4,0 x 2,2 auf einer 10-Punkte-Skala).	Die DS-Gruppe produzierte deutlich schnellere Zeiten beim Agilitätstest (2,22 x 0,12 Sekunden) im Vergleich sowohl zur SS-Gruppe (2,33 x 0,15 Sekunden, p = 0,013) als auch zur NS-Gruppe (2,32 x 0,12 Sekunden, p = 0,026). Zwischen der SS-Gruppe und der NS-Gruppe gab es keinen signifikanten Unterschied.
Schlussfolgerung :	Die Teilnehmer waren der Meinung, dass sie eher eine gute Leistung erbringen, wenn das Dehnen als Teil des Aufwärmens durchgeführt wurde, unabhängig vom Stretchtyp. Jedoch wurde keine signifikante Wirkung der Muskeldehnung auf die Flexibilität und körperliche Funktion im Vergleich zu keiner Dehnung beobachtet. Auf der Grundlage der aktuellen Erkenntnisse ist es unwahrscheinlich, dass die Einbeziehung kurzer Dauern der statischen oder dynamischen Dehnung den Sprintlauf, das Springen oder die Richtungsänderung beeinflusst, wenn sie als Teil einer umfassenden physischen Vorbereitungsroutine durchgeführt wird.	Die Ergebnisse der Testung deuten klar darauf hin, dass DS im Vergleich zu SS oder NS zu einer deutlichen Leistungssteigerung bei einem Agilitätsfähigkeiten mit einem Richtungswechsel um 180° führen kann.

6 Literaturverzeichnis

Beierlein, C., Hall, T., Hansson, U., Odemark, M., Sainsbury, D., Lim, T. (2002). Effektivität der Muligan-Straight-Leg-Raise Traktionstechnik auf die Beweglichkeit bei Patienten mit Rückenschmerzen. *Physiotherapie-beyerlein.*(6). 61-68.

Binder A. (2008). *Neck pain.* Zugriff am 17.09.2020. Verfügbar unter : https://pubmed.ncbi.nlm.nih.gov/19445809/

Blazevich, A-J., Gill, N., Kvorning, T., Kay, A., Goh, A., Hilton, B., Drinkwater, E-J., Behm, D-G. (2018). *No Effect of Muscle Stretching within a Full, Dynamic Warm-up on Athletic Performance.* Zugriff am 19.09.2020. Verfügbar unter : https://pubmed.ncbi.nlm.nih.gov/29300214/

Hasebe, K., Okubo, Y., Koji, K., Kohei, T., Daisuke, S., Sairyoet, L. (2016). *The effect of dynamic stretching on hamstrings flexibility with respect to the spino-pelvic rhythm.* Zugriff am 16.09.2020. Verfügbar unter : https://pubmed.ncbi.nlm.nih.gov/27040059/

Hohmann, A., Lames, M. & Letzelter, M. (2002). Einführung in die Trainingswissenschaft (Limpert Sportwissenschaft, 2. Aufl). Wiebelsheim: Limpert.

Janda, V. 2000. Manuelle Muskelfunktionsdiagnostik (4. Aufl). München: Urban & Fischer

Neumaier, A., Mechling, H., Strauss, R., und Völler, R. (2009). *Koordinative Anforderungsprofile ausgewählter (Training der Bewegungskoordination)* (1. Aufl.) Köln : Sportverlag Strauß

Tunwattanapong, P., Kongkasuwan, R., Kuptniratsaikul, V. (2016). *The effectiveness of a neck and shoulder stretching exercise program among office workers with neck pain: a randomized controlled trial.* Zugriff am 17.09.2020. Verfügbar unter : https://pubmed.ncbi.nlm.nih.gov/25780258/

Van Gelder, L-H., Bartz, S. (2011). *The effect of acute stretching on agility performance.* Zugriff am 18.09.2020. Verfügbar unter : https://pubmed.ncbi.nlm.nih.gov/21904235/

Winters, M., Blake, C., Trost, J., Marcello-Brinker, T., Lowe, L., Garber, M., Wainner, R. (2004). Passive Versus Active Stretching of Hip Flexor Muscles in Subjects With Limited Hip Extension: A Randomized Clinical Trial. *Physical Therapie.* *84* (9)800-807.

7   Tabellenverzeichnis